लोकोक्तियों की दुनिया

संकलन

जगत जननी

Made with ❤ on the Notion Press Platform
www.notionpress.com

"शिक्षितहोनाऔरशिक्षा
कासदुपयोगकरनाहीपूर्णशिक्षाहै"

-अरविंद रामगुलामकुरील

Enter Caption

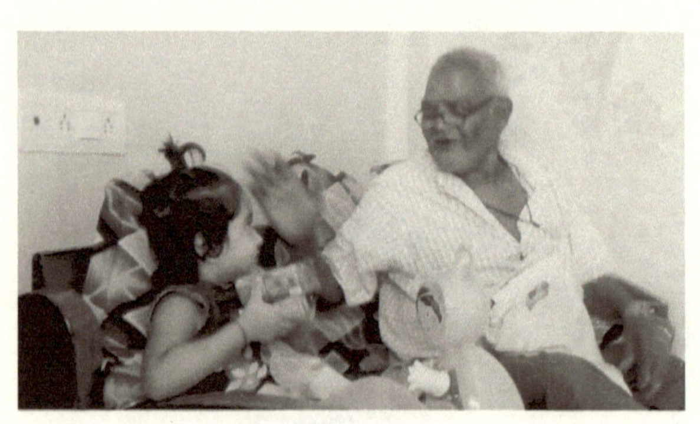

क्रम-सूची

प्रस्तावना

प्रस्तावना

मुझे पढ़ने और लिखने का हमेशा से शौक रहा है लेकिन चित्रकारी सबसे विशेष और उसमें भी मुहावरों और लोकोक्तियों को पढ़कर उपयोग में लाना अद्भुत है |

भूमिका

इस किताब में मैंने अपने कुछ संकलन आपके साथ साझा किए हैं।

आज के युग के लोकोक्तियों को एक जगह एकत्रित किया है |

आशा है आपको पसंद आएगा |

JJ

पावती (स्वीकृति)

वैसे तो हर इंसान में कोई न कोई कमी होती ही है। इस सृष्टि में कोई भी जीव पूर्ण नहीं है। ऐसा कोई नहीं जिसमें कोई कमी न हो। मुझमे भी कुछ कमियां हैं, लेकिन इतनी खूबियां हैं कि कमियां नजर नहीं आतीं। बहुत दुर्लभ हूँ।

पिताजी के प्रेरक शब्दों के कारण ही आप और मैं इन प्रारूपों को आप सबके सामने रख पायी हूँ।

आगे बढ़ते हुए मैं एक बार फिर "श्री अरविंदजी" को धन्यवाद देना चाहूंगी कि भविष्य में भी वे मेरी कमियों को नज़रअंदाज करके मेरी खूबियों को उजागर करने में मेरा साथ देंगे। viahindi leverageedu का विशेष रूप से धन्यवाद !

साथ ही गूगल सहित उन सभी साइट्स का जिनकी सहायता से ये संकलन संभव हो सका।

J@GS

आमुख

ज़माना देख रहा है क्या?

जब भी आप हिन्दी के प्रारूप लेखन में देखते हैं तो आपको आभास हो जाता है कि आपके लेखन में कुछ अच्छा या बहुत कुछ होने वाला है।

यहाँ कुछ नए और पुराने हिंदी लेखन के अभिन्न अंग - लोकोक्तोयों का स्पर्श के साथ साझा कर रहीं हूँ |

आशा है सभी को पसंद आयेंगे |

जगत जननी

1

लोकोक्तियाँ

लोकोक्ति शब्द 'लोक' और 'उक्ति' शब्दों के मेल से बना है। लोक में चिरकाल से प्रचलित कथन को लोकोक्ति कहते हैं। लोकोक्ति का संबंध किसी घटित घटना से होता है।

2

मुहावरे और लोकोक्ति

मुहावरे और लोकोक्ति में क्या अंतर है?

1. लोकोक्ति अपने आप में पूर्ण होती हैं, अर्थात लोकोक्तियों का प्रयोग वाक्य के समान हो सकता है। जबकि मुहावरा वाक्यांश मात्र होता है।

1. लोकोक्ति का रूप लगभग एक जैसा ही होता है । जबकि मुहावरे के रूप में लिंग, वचन या कारक के आधार पर परिवर्तन हो जाता है।

3

लोकोक्ति की विशेषताएं

1.

लोकोक्ति के माध्यम से किसी जटिल बात को भी सरल और सहज अंदाज में कहा जा सकता है।

2.

लोकोक्तियाँ जीवन में मार्गदर्शक का कार्य करती हैं क्योंकि प्राचीन समय में लोगों ने अपने जीवन के अनुभवों के आधार पर लोकोक्तियों को बनाया था।

3.

लोकोक्तियों की सबसे खूबसूरत बात यह होती है कि लोकोक्तियाँ किसी कटु बात को भी मनोरंजक अंदाज में बयाँ करती हैं, जिससे बात कहने और सुनने वाले के मध्य किसी तरह का तनाव उत्पन्न नहीं होता।

4.

लोकोक्तियाँ समाज को धर्म और नैतिकता की राह पर चलने का मार्ग बताती हैं, जिससे समाज में स्थिरता बनी रहती है।

5.

लोकोक्तियाँ समाज के प्रत्येक वर्ग को एक स्तर पर जोड़ने का काम करती हैं।

6.

लोकोक्तियों का चलन प्राचीन समय से ही है। अतः लोकोक्तियों के माध्यम से हम, हमारे पूर्वजों का जीवन के प्रति दृष्टिकोण और उस समय की व्यवस्था को समझ सकते हैं।

7.

समाज का सही मार्गदर्शन दिखाने के लिए।

8.

धार्मिक एवं नैतिक उपदेश रूपी प्रवृति।

9.

हास्य और मनोरंजन में प्रयोग।

10.

सर्वव्यापी एवं सर्वग्राही (लोकोक्तियों के अर्थ प्रत्येक समाज में एक से रहते हैं।)

11.

प्राचीन परंपरा से चलती आ रही है।

12.

जीवन के हर पहलू को स्पर्श करती है।

13.

अनुभव पर आधारित एवं जीवनोपयोगी बातों के बारे में सुझाव देती है।

14.

सरल एवं समास शैली(इसमें गहरी से गहरी बात को सूक्ष्म से सूक्ष्म शब्दों में कह दिया जाता है।

15.

लोकोक्ति के माध्यम से किसी जटिल बात को भी सरल और सहज अंदाज में कहा जा सकता है।

16.

लोकोक्तियाँ जीवन में मार्गदर्शक का कार्य करती हैं क्योंकि प्राचीन समय में लोगों ने अपने जीवन के अनुभवों के आधार पर लोकोक्तियों को बनाया था।

17.

लोकोक्तियों की सबसे खूबसूरत बात यह होती है कि लोकोक्तियाँ किसी कटु बात को भी मनोरंजक अंदाज में बयाँ करती हैं, जिससे बात कहने और सुनने वाले के मध्य किसी तरह का तनाव उत्पन्न नहीं होता।

18.

लोकोक्तियाँ समाज को धर्म और नैतिकता की राह पर चलने का मार्ग बताती हैं, जिससे समाज में

स्थिरता बनी रहती है।

19.

लोकोक्तियाँ समाज के प्रत्येक वर्ग को एक स्तर पर जोड़ने का काम करती हैं।

20.

लोकोक्तियों का चलन प्राचीन समय से ही है। अतः लोकोक्तियों के माध्यम से हम, हमारे पूर्वजों का जीवन के प्रति दृष्टिकोण और उस समय की व्यवस्था को समझ सकते हैं।

4

लोकोक्ति का महत्व

लोकोक्तियाँ समाज में नैतिकता और व्यवहार की समझ पैदा करती हैं। जैसे:- गुड़ न दे पर गुड़ की सी बात तो करे। इस लोकोक्ति से हमें समझ आता है कि यदि हम किसी की मदद ना कर सकें तो कम से कम मधुर व्यवहार तो करना ही चाहिए।

लोकोक्तियाँ मनुष्य को बड़ी से बड़ी बाधा में भी डटे रहने की उम्मीद देती हैं। जैसे:- ओखली में सिर दिया तो मूसलों से क्या डरना। इस लोकोक्ति से हमें समझ में आता है कि जब कठिन काम को हाथ में ले ही लिया तो आने वाली बाधाओं से नहीं डरना चाहिए।

5

अध्याय-1

01. अकेला चना भाड़ नहीं फोड़ सकता

अर्थ: एक साथ मिलकर किया जाने वाला कठिन कार्य अकेला व्यक्ति नहीं कर सकता.

वाक्य में प्रयोग: महेश अकेला व्यवस्था को नहीं बदल सकता बाक़ी मजदूरों को भी उसके साथ

अनशन पर बैठना होगा. क्योंकि अकेला चना भाड़ नहीं फोड़ सकता.

02. अक्ल बड़ी की भैंस

अर्थ: शरीर की ताकत से बुद्धि की ताकत अधिक होती है.

वाक्य में प्रयोग: पहले घनश्याम खेत में कड़ी मेहनत करता था पर अनाज कम पैदा होता था.

अब वह सरकार से उन्नत बीज और खाद लेकर फसल बोता है. सच है कि अक्ल बड़ी कि भैंस।

03. अटका बनिया देय उधार

अर्थ: स्वार्थ, लालच या मजबूरी वश अनचाहा कार्य करना.

वाक्य में प्रयोग: पहले तो विद्यालय के प्राध्यापक ने सभी कुशल अध्यापकों को निकाल दिया। अब

जब परीक्षायें सिर पर आ गई हैं तो मज़बूरी में अकुशल और अनुभवहीन अध्यापकों को भर्ती कर

रहा है. इसी को कहते हैं- अटका बनिया देय उधार

04. अधजल गगरी छलकत जाए

अर्थ: अज्ञानी व्यक्ति अपने ज्ञान को बढ़ा चढ़ा कर बताता है.

वाक्य में प्रयोग: मुकेश की छोटी सी नौकरी क्या लगी वह तो बात-बात पर पैसों की बात करता

है. सच ही कहा है कि- अधजल गगरी छलकत जाए.

05. अन्धी पीसे कुत्ता खाय

अर्थ: मूर्ख व्यक्ति की कमाई दूसरे ही खाते हैं.

वाक्य में प्रयोग: राघव कमाता तो बहुत है पर उसकी पत्नी सारा पैसा खरीदारी में उड़ा देती है।

यहां तो वही बात हो रही है कि अन्धी पीसे कुत्ता खाय।

06. अंधों में काना राजा

अर्थ: अज्ञानियों में थोड़ा ज्ञानी भी बुद्धिमान होता है.

वाक्य में प्रयोग: घनश्याम सालों बुढ़ापा पेंशन के लिए सरकार से गुहार लगाता रहा। आखिरकार

सरकार ने उसकी पेंशन मंजूर कर ही ली। अब वह खुश है। सच है अन्धा क्या चाहे दो आँख।

07. आंख का अंधा नाम नयन सुख

अर्थ: किसी का गुणों के विपरीत नाम होना.

वाक्य में प्रयोग: अनपढ़ गाँव वालों के बीच तो ग्राम सेवक ही विद्वान है। भाई, अंधों में काना

राजा ही होता है।

08. अंधे की लकड़ी

अर्थ: एकमात्र सहारा.

वाक्य में प्रयोग: उसका नाम तो शेर सिंह है पर डरपोक इतना कि चूहे से भी डर जाए। आँख का

अन्धा नाम नयनसुख।

09. अंधे के आगे रोवे अपने भी नैन खोवे

अर्थ: अयोग्य व्यक्ति से सहायता मांगना व्यर्थ है.

वाक्य में प्रयोग: बिरजू के एक ही बेटा था। वह भी भगवान को प्यारा हो गया। भाई, अंधे की

लकड़ी भी गई।

10. आंख का अंधा गांठ का पूरा

अर्थ: संपन्न अज्ञानी.

वाक्य में प्रयोग: विजय के सिर पर पहले ही बहुत क़र्ज़ है और तुम उसी से उधार मांग रहे हो।

अन्धे के आगे रोवे अपने भी नैन खोवे।

6

अध्याय-2

1.

1. अंधे के हाथ बटेर लगना

1.

अर्थ: परिश्रम के बिना ही सफलता मिलना.

2.

वाक्य में प्रयोग: सुजल के पास पैसा तो बहुत है पर अक्ल रत्ती भर भी नहीं है। वो कहते हैं नां आँख का अन्धा गाँठ का पूरा, वही बात हो गई।

12.

अंधेर नगरी चौपट राजा

1.

अर्थ: भ्रष्टाचार में लिप्त शासन एवं अजागरूक प्रजा.

2.

वाक्य में प्रयोग: यहां तो प्रशासन का बुरा हाल है। चारों तरफ भ्रष्टाचार और अराजकता का बोलबाला है। यहां तो अंधेर नगरी चौपट राजा वाली बात है।

13.

अपनी-अपनी ढपली अपना-अपना राग

1.

अर्थ: सिर्फ़ अपने मन की करना या दूसरों के साथ तालमेल नहीं बैठाना.

2.

वाक्य में प्रयोग: पारिवारिक एकता की और अब कोई ध्यान नहीं देता बल्कि सभी अलग-अलग पड़े हैं। अपनी-अपनी ढपली अपना-अपना राग।

14.

अपनी गली में तो कुत्ता भी शेर होता है

1.

अर्थ: अपने घर या क्षेत्र में ताक़त दिखाना.

2.

वाक्य में प्रयोग: माना की सुनील गाँव का सबसे ताकतवर पहलवान है लेकिन उसकी असल ताकत का पता तभी चलेगा जब वह देश स्तर के पहलवानों से भिड़ेगा। भाई, अपनी गली में तो कुत्ता भी शेर होता है।

15.

अपना हाथ जगन्नाथ

1.

अर्थ: अपना काम स्वयं करना.

2.

वाक्य में प्रयोग: रमेश से फल मंगवाता था तो वह महंगे और सड़े गले उठा लाता था। आज-कल मैं खुद बाज़ार जाकर फल लाता हूँ। सच है अपना हाथ जगन्नाथ।

16.

अपना सोना खोटा तो परखैया का क्या दोष

1.

अर्थ: जब अपना कोई कमज़ोर हो तो दूसरों में गलतियाँ निकाल कर क्या होगा।

2.

वाक्य में प्रयोग: बाबू राव का लड़का जब खुद शराबी है तो बाबू राव किस के बच्चों को क्या कह दें। भाई, अपना सिक्का खोटा तो परखैया का क्या दोष।

17.

अब पछताए क्या होत है जब चिड़ियाँ चुग गई खेत

1.

अर्थ: समय बीत जाने पर पछतावा करना व्यर्थ है।

2.

वाक्य में प्रयोग: पहले तो राधा सारा दिन मोबाईल चलाती रहती थी अब जब परीक्षा में फेल हो गई है तो पछता रही है पर अब पछताए क्या होत है जब चिड़ियाँ चुग गई खेत।

18.

आंख बची और माल यारों का

1.

अर्थ: अपने सामान से थोड़ा-सा भी ध्यान हटा कि सामान की चोरी हो सकती है।

2.

वाक्य में प्रयोग: आजकल सफर करना बहुत मुश्किल है। अपने सामान का बहुत ध्यान रखना

पड़ता है क्योंकि यदि अपने सामान का ध्यान नहीं रखो तो आंख बची और माल यारों का।

19.

आगे कुआं पीछे खाई

1.

अर्थ: दोनों और संकट होना।

2.

वाक्य में प्रयोग: रमेश भाई की लड़की की शादी में रुपए ना लगाएं तो भाई नाराज़ होता है और रुपए लगाए तो कर्ज़ में डूबता है। ये तो वही बात हो गई आगे कुआँ है और पीछे खाई है।

20.

अरहर की टट्टी और गुजराती ताला

1.

अर्थ: अनमेल प्रबन्ध व्यवस्था।

2.

वाक्य में प्रयोग: घर में रखने को ढंग का फर्नीचर भी नहीं और दस हज़ार रुपए पर किराए का मकान ले लिया। ये तो वही बात हो गई अरहर की टट्टी और गुजराती ताला।

7

अध्याय-3

1.

21.आगे नाथ न पीछे पगहा

1.

अर्थः पूर्णतः अनियंत्रित।

2.

वाक्य में प्रयोगः मुकेश के माता-पिता का तो बचपन में ही देहांत हो गया था। अब उसके बड़े भाई का भी तबादला हो गया है। मुकेश के साथ तो वही बात हो गई 'अब तो आगे नाथ न पीछे पगहा।'

22.

आटे के साथ धुन भी पिसता है

1.

अर्थ: ग़लत व्यक्ति की संगत में अच्छा व्यक्ति भी सज़ा पाता है।

2.

वाक्य में प्रयोग: रमेश ने प्रधान जी के लड़के को पीट दिया। अब पुलिस ने रमेश के सारे परिवार को पकड़ लिया। भाई सच ही कहा है किसी ने आटे के साथ घुन भी पिस जाता है।

23.

आधा तीतर आधा बटेर

1.

अर्थ: अनमेल योग।

2.

वाक्य में प्रयोग: एक और तो समाज महिलाओं को शिक्षित करने की बात करता है, दूसरी ओर समाज में भ्रूण हत्याओं के मामले बढ़ रहे हैं। दरअसल हम आधा तीतर आधा बटेर हैं।

24.

आधी छोड़ एक को ध्यावे आधी मिले न सारी पावे

1.

अर्थः लोभ के कारण सहज रूप से उपलब्ध वस्तु का त्याग कर देना।

2.

वाक्य में प्रयोगः महेंद्र ने रीट की परीक्षा उत्तीर्ण कर ली परंतु सिविल सर्विसेज की तैयारी के चक्कर में अध्यापक बनने का अवसर खो दिया। बाद में महेंद्र का सिविल सर्विसेस में भी चयन नहीं हो सका। भाई इसी को तो कहते हैं आधी छोड़ एक को ध्यावे आधी मिले न सारी पावे।

25.

आ बैल मुझे मार

1.

अर्थः जानबूझकर परेशानी को निमंत्रण देना.

2.

वाक्य में प्रयोगः हमारे मोहल्ले के दो युवक आपस में लड़ रहे थे। मैंने उन्हें छुड़ाने की कोशिश की तो दोनों मेरे ऊपर ही झपट पड़े। आजकल किसी के मामले में बोलना आ बैल मुझे मार की तरह है।

26.

आम के आम गुठलियों के दाम

1.

अर्थः दोहरा फायदा होना।

2.

वाक्य में प्रयोग: रमेश ने साल भर पुरानी पुस्तकों से पढ़ाई करने के बाद उन्हें बेच दिया. इसी को तो कहते हैं- आम के आम गुठलियों के दाम.

27.

आए थे हरि भजन को ओटन लगे कपास

०

अर्थः अपने बड़े लक्ष्य को भूल कर छोटे काम में लग जाना।

०

वाक्य में प्रयोग: विक्रम आया तो सरकारी नौकरी की तैयारी करने था किंतु वह तो बुरी संगत में पड़कर घरवालों के पैसे बर्बाद करने लग गया. यह तो वही बात हो गई- आए थे हरि भजन को ओटन लगे कपास.

28.

आसमान से गिरा खजूर में अटका

०

अर्थ: एक मुसीबत से निकल कर दूसरी मुसीबत में पड़ जाना.

०

वाक्य में प्रयोग: महेश ने जैसे-तैसे अपनी ज़मीन का विवाद सुलझाया ही था कि महेश के भाईयों ने रातों-रात ज़मीन पर कब्जा कर लिया. बेचारा महेश- आसमान से गिरा खजूर में अटका.

29.

इन तिलों में तेल नहीं

०

अर्थ: किसी भी तरह के मुनाफे की संभावना नहीं होना.

०

वाक्य में प्रयोग: विशाल ने एक छोटी सी दुकान शुरू करने के लिए भाइयों से पैसे मांगे लेकिन निराशा हाथ लगी. आख़िर में उसने सोच ही लिया की- इन तिलों में तेल नहीं.

30.

इमली के पात पर दण्ड पेलना

०

अर्थ: संसाधनों के अभाव में बड़े कार्य को करने की कोशिश करना.

॰

वाक्य में प्रयोग: रमेश के पास ना तो पैसा है, ना ही अनुभव है, ना ही उसे कोई जानता है और विद्यालय खोलने की बात कर रहा है. रमेश इमली के पात पर दण्ड पेलने की कोशिश कर रहा है.

8

अध्याय-4

1.

31. ईश्वर की माया, कहीं धूप कहीं छाया

- अर्थः संसार में कहीं समानता नहीं है.

- वाक्य में प्रयोगः मुंबई में बाढ़ के हालात हैं और हमारे गाँव में सूखा पड़ा हुआ है. सच है- ईश्वर की माया, कहीं धूप कहीं छाया.

32.

उल्टा चोर कोतवाल को डाँटे

-

अर्थ: दोषी व्यक्ति द्वारा निर्दोष पर लांछन लगाना.

वाक्य में प्रयोग: पुलिस ने पहले तो कुछ किया नहीं और फिर जनता को ही दोष देने लगी. यह तो वही बात हो गई – उल्टा चोर कोतवाल को डाँटे.

33.

उतर गई लोई तो क्या करेगा कोई

अर्थ: बेशर्म व्यक्ति पर कोई प्रभाव नहीं पड़ता

वाक्य में प्रयोग: मैंने उसे कई बार चोरी करते हुए पकड़ लिया और उसे बहुत समझाया लेकिन कितना भी समझाओ उस पर असर ही नहीं होता. सही कहा है – उतर गई लोई तो क्या करेगा कोई.

34.

ऊँची दुकान फीका पकवान

अर्थ: वास्तविकता से अधिक दिखावा करना

वाक्य में प्रयोग: रमेश के विद्यालय में बहुत चमक-दमक है लेकिन छात्रों की पढ़ाई-लिखाई के लिए अध्यापकों की कमी है. यह तो वही बात हो गई- ऊँची दुकान और फीका पकवान.

35.

ऊँट किस करवट बैठता है

०

अर्थ: किसी घटना के घटित होने का इंतज़ार करना

०

वाक्य में प्रयोग: इस बार तो फसल बर्बाद हो गई. अब देखो अगले साल ऊँट किस करवट बैठता है.

36.

ऊँट के मुँह में जीरा

०

अर्थ: आवश्यकता की अपेक्षा उपलब्ध मात्रा में कमी होना

०

वाक्य में प्रयोग: देश में करोड़ों युवक बेरोजगार हैं और सरकार ने 3 हज़ार भर्तियाँ निकाली हैं यह तो वही बात हो गई ऊँट के मुँह में जीरा.

37.

ऊँट की चोरी और झुके-झुके

०

अर्थ: ऐसे किसी कार्य को गुप्त रूप से करना जिसको गुप्त रखना असंभव हो

०

वाक्य में प्रयोग: रमेश जयपुर जैसे शहर में सरकार से छुपकर दुकान बना रहा है. यह तो वही बात हो गई- ऊँट की चोरी और झुके-झुके.

38.

एक अनार सौ बीमार

०

अर्थ: किसी वस्तु की मांग अधिक होना और पूर्ति कम होना

०

वाक्य में प्रयोग: रंजन के घर में कमाने वाला तो एक और खाने वाले दस हैं। सभी अपने-अपने लिए कुछ न कुछ मांगते ही रहते हैं। यह तो एक

अनार और सौ बीमार वाली बात हो गई।

39.

एक हाथ से ताली नहीं बजती

० अर्थ: एक पक्ष के साथ देने से काम पूरा नहीं होता

० वाक्य में प्रयोग: शंकर तो ज़मीन का विवाद सुलझाना चाहता है किंतु माधव भी तो तैयार हो भई एक हाथ से ताली नहीं बजती है.

40.

एक मछली सारे तालाब को गन्दा कर देती है

० अर्थ: बुरी आदतों से ग्रसित एक व्यक्ति अपने सभी दोस्तों को वह आदत लगा देता है

० वाक्य में प्रयोग: विनय ने अपने सभी दोस्तों को शराब और सिगरेट की लत लगा दी. सच है- एक मछली सारे तालाब को गन्दा कर देती है.

9

अध्याय-5

1.

41. एक और एक ग्यारह होते हैं

अर्थ: एकता में बहुत ताकत होती है

वाक्य में प्रयोग: माधव और शंकर को लड़ने के बजाय एकजुट होकर रहना चाहिए क्योंकि एक और एक ग्यारह होते हैं.

42.

एक म्यान में दो तलवार नहीं आ सकती

अर्थ: एक स्थान पर दो प्रतिद्वंद्वी नहीं रह सकते

वाक्य में प्रयोग: हमारे गांव में दो दादाओं में अक्सर झगड़ा होता रहता था। आख़िर एक दिन एक ने दूसरे को मार ही डाला। भाई सच ही कहा है किसी ने कि एक ही म्यान में दो तलवारें नहीं आ सकती।

43.

एक पन्थ दो काज

अर्थ: एक प्रयास से दो काम सिद्ध हो जाना

वाक्य में प्रयोग: जयपुर गया तो चिकित्सक की परामर्श ली और दोस्त की सालगिरह के समारोह में भी शामिल हुआ. यह तो एक पन्थ दो काज वाली बात हो गई.

44.

एक तो करेला और दूसरा नीम चढ़ा

1.

अर्थ: एक साथ दो-दो दोष होना

2.

वाक्य में प्रयोग: रमेश एक तो अनपढ़ है और दूसरा आलसी है. एक तो करेला और दूसरा नीम चढ़ा, इसलिए उसको नौकरी मिलना असम्भव है.

45.

कभी नाव गाड़ी पर, कभी गाड़ी नाव पर

1.

अर्थ: स्थितियों का एकदम विपरीत परिवर्तन।

2.

वाक्य में प्रयोग: शंकर की पत्नी बीमार थी तो शंकर सेवा कर रहा था। जब शंकर बीमार हुआ तो उसकी पत्नी सेवा करने लगी। भाई ऐसे ही चलता है गृहस्थी का संसार कभी नाव गाड़ी पर कभी गाड़ी नाव पर।

46.

ओखली में सिर दिया तो मूसलों से क्या डरें

1.

अर्थ: अत्यधिक कठिन कार्य करने की ठान लेने के बाद आने वाली बाधाओं से नहीं डरना

2.

वाक्य में प्रयोग: जब सम्पूर्ण देश की पद-यात्रा आरंभ कर ही दी है तो धूप, बरसात या पैरों में छाले पड़ जाने से नहीं डरना चाहिए. जब ओखली में सिर दे ही दिया है तो मूसलों से क्या डरना.

47.

कर ले सो काम और भजले सो राम

1.

अर्थ: समय पर किया हुआ कर्म ही अपना होता है.

2.

वाक्य में प्रयोग: घनश्याम जी की अचानक मृत्यु हो जाने से समझ में आता है कि जीवन का कोई ठिकाना नहीं। इसलिए इस जीवन में कर ले सो काम और भजले सो राम।

48.

ककड़ी-चोर को फाँसी की सज़ा नहीं दी जा सकती

1.

अर्थ: साधारण अपराध के लिए अत्यधिक कठोर सज़ा नहीं दी जा सकती

2.

वाक्य में प्रयोग: एक छात्र ने स्कूल के उद्यान से फूल तोड़ लिया तो उसे स्कूल से ही निष्कासित

कर दिया गया। भाई यह तो ग़लत हुआ क्योंकि ककड़ी चोर को फांसी की सज़ा नहीं दी जा सकती।

49.

कानी के ब्याह में कौतुक ही कौतुक

1.

अर्थ: किसी में दोष होने पर परेशानियां आती ही रहती हैं

2.

वाक्य में प्रयोग: एक तो शंकर पढ़ाई में कमजोर ऊपर से परीक्षा में उसकी माँ बीमार हो गई। परीक्षा से कुछ समय पहले उसका प्रवेश पत्र खो गया, कानी के ब्याह में कौतुक ही कौतुक।

50.

क़ाबुल में क्या गधे नहीं होते

1.

अर्थ: अपवाद हर जगह होते हैं

2.

वाक्य में प्रयोग: इस गांव के लोगों की ईमानदारी के चर्चे तो दूर-दूर तक प्रसिद्ध है। किंतु यहाँ के एक व्यक्ति ने तो मेरा पर्स ही चुरा लिया। भाई

सच ही कहा है किसी ने काबुल में क्या गधे नहीं होते।

10
अध्याय-6

1.

51. कोऊ नृप होइ हमें क्या हानी

1.

अर्थः हर तरह के परिवर्तन के प्रति उदासीनता का होना

2.

वाक्य में प्रयोग: गाँव में दोनों गुटों को बारी-बारी सरपंच बना कर देख लिया पर गाँव की हालत पहले जैसी ही है। मुझे तो किसी से कोई उम्मीद नहीं, भाई कोऊ नृप होइ हमें क्या हानी।

52.

कौआ चले हंस की चाल

1.

अर्थ: बुरे आचरण वाले मनुष्य द्वारा अच्छे आचरण का दिखावा करना

2.

वाक्य में प्रयोग: महेश कल तक शराब पीकर नाले में पड़ा रहता था। आज सबको कहता है कि शराब नहीं पीनी चाहिए। यह तो वही बात हो गई कि कौआ चले हंस की चाल।

53.

कही खेत की, सुनी खलियान की

1.

अर्थ: कहना कुछ सुनना कुछ

2.

वाक्य में प्रयोग: मैंने मोहन को कहा था की बाज़ार से आते समय बनिए से बिल ले आना। वह तिल उठा लाया, कही खेत की, सुनी खलियान की।

54.

कहीं की ईंट कहीं का रोड़ा, भानुमती ने कुनबा जोड़ा

1.

अर्थ: अनमेल वस्तुओं का संग्रह करना

2.

वाक्य में प्रयोग: शंकर के भाषणों में कोई तारतम में नहीं था कभी कुछ कहता था कभी कुछ और निष्कर्ष उसका कुछ भी नहीं इसी के लिए तो कहा जाता है कहीं की ईंट कहीं का रोड़ा, भानुमती ने कुनबा जोड़ा।

55.

कोयले की दलाली में हाथ काले

1.

अर्थ: बुराई का साथ देने पर बुराई ही मिलती है

2.

वाक्य में प्रयोग: वकील साहब ऐसे ही बदमाशों के केस लड़ते रहे तो पूरे ज़िले में बदनाम हो जाएंगे। अब भाई कोयले की दलाली में हाथ काले होंगे ही।

56.

खग जाने खग की ही भाषा

1.

अर्थ: समान प्रवृत्ति के लोग एक दूसरे की प्रवृत्ति समझते हैं

2.

वाक्य में प्रयोग: घर में दो-दो वकील हैं, न जाने दिन भर क्या बहस करते रहते हैं। मेरे पल्ले तो कुछ भी नहीं पड़ता, भाई खग जाने खग ही की भाषा।

57.

खरी मजूरी चोखा काम

1.

अर्थ: मेहनत की अच्छी कीमत मिलने पर काम भी अच्छा होता है

2.

वाक्य में प्रयोग: मोहन मजदूरों को समय पर मेहनताना नहीं देता है, जिससे मजदूर मन लगाकर काम नहीं करते हैं। शायद मोहन को पता नहीं है कि खरी मजूरी चोखा काम।

58.

खरबूजे को देखकर खरबूज़ा रंग बदलता है

1.

अर्थः किसी में परिवर्तन देख कर दूसरे में परिवर्तन आता है

2.

वाक्य में प्रयोगः बद्री वैसे तो बड़े बदलाव की बात करता था। अब जब सरकारी नौकरी लगी तो खुद भी निकम्मा हो गया। सच है खरबूजे को देखकर खरबूज़ा रंग बदलता है।

59.

खिसियानी बिल्ली खम्भा नोचे

1.

अर्थः असफलता से लज्जित होकर गुस्सा करना

2.

वाक्य में प्रयोगः भीमा हफ्ते में तीन दिन नौकरी पर जाता है। अब जब बाबू ने तनख्वाह काट ली तो मालिक को गालियां देता फिर रहा है। इसी को तो कहते हैं खिसियानी बिल्ली खम्बा नोचे।

11

अध्याय-7

1.

61. खुदा गंजे को नाखून नहीं देता

1.

अर्थ: बूरा व्यवहार करने वाले और अधिकार हीन व्यक्ति को अधिकार नहीं मिलता

2.

वाक्य में प्रयोग: भोला चोरों का चोर है। यदि उसे गांव में राशन वितरण का ठेका मिल जाता तो वह पूरा अनाज अकेला ही डकार जाता। इसीलिए तो कहते हैं खुदा गंजे को नाखून नहीं देता।

61.

खोदा पहाड़ और निकली चुहिया

1.

अर्थ: मेहनत अधिक करना और लाभ कम मिलना

2.

वाक्य में प्रयोग: रमेश ने पुरखों की जायदाद समझ कर रात भर घर को खोदा लेकिन कुछ नहीं मिला। यह तो खोदा पहाड़ निकली चुहिया वाली बात हो गई।

62.

गुड़ न दे पर गुड़ की सी बात तो करे

1.

अर्थ: किसी की मदद नहीं कर सकते तो कम से कम अच्छा व्यवहार तो करना ही चाहिए

2.

वाक्य में प्रयोग: अगर वह मेरी सहायता नहीं करना चाहता तो न सही पर कम से कम प्रेम से दो बात तो कर ही सकता है। भाई, गुड़ न दे पर गुड़ की सी बात तो करे।

63.

गुड़ खाए मर जाए तो ज़रूर देने की क्या ज़रूरत

1.

अर्थः यदि कोई कार्य शान्ति पूर्वक हो रहा हो तो कठोर व्यवहार नहीं करना चाहिए

2.

वाक्य में प्रयोगः अगर विक्रम शान्ति से ही अपना अपराध स्वीकार कर ले तो फिर मार-पीट करने की क्या आवश्यकता है। भाई जब कोई गुड़ खाए ही मर जाए तो ज़हर देने की क्या ज़रूरत।

64.

घर का जोगी जोगना आन गाँव का सिद्ध

1.

अर्थः पहचान वालों की अपेक्षा अनजान लोगों को अधिक महत्व देना

2.

वाक्य में प्रयोगः गाँव में दो-दो गणित के अध्यापक हैं लेकिन गाँव के बच्चे शहर जाकर कोचिंग लेते हैं। यह तो वही बात हो गई घर का जोगी जोगना आन गाँव का सिद्ध।

65.

घर की मुर्ग़ी दाल बराबर

1.

अर्थ: आसानी से मिल जाने वाली वस्तु की कद्र नहीं करना

2.

वाक्य में प्रयोग: हमारे घर में बड़ा भाई चिकित्सक है पर बीमार होने पर सभी बाहर एक मामूली चिकित्सक से परामर्श लेते हैं। सच है, घर की मुर्ग़ी दाल बराबर।

66.

घोड़ा घास से यारी करे तो खाए क्या

1.

अर्थ: यदि जीवनयापन करने के लिए आवश्यक से भी लिहाज़ किया जाए तो जीवन कैसे चलेगा

2.

वाक्य में प्रयोग: अगर वह सभी को कम दाम में सब्जी देने लग गया तो उसका करोबार ही चौपट हो जाएगा। अब भाई घोड़ा घास से यारी करेगा तो खाएगा क्या।

67.

घर का भेदी लंका ढाए

1.

अर्थः घर का रहस्य जानने वाला व्यक्ति हानी पहुंचा सकता है

2.

वाक्य में प्रयोगः पुलिस का एक सिपाही बदमाशों से मिला हुआ था। उस ने छापे की खबर बदमाशों को दे दी, जिससे पुलिस का आक्रमण विफल हो गया। इसी को कहते हैं घर का भेदी लंका ढाए।

68.

का वर्षा जब कृषि सुखाने

1.

अर्थः नुक़सान हो जाने के पश्चात उपाय करने से क्या फ़ायदा

2.

वाक्य में प्रयोगः शहर में दंगे हो जाने के बाद पुलिस पहुंची, का वर्षा जब कृषि सुखाने।

69.

काजी जी दुबले क्यों, शहर का अन्देशा है

1.

अर्थः पराए लोगों के दुःख से चिंतित रहना

2.

वाक्य में प्रयोग: कविता की ख़राब तबीयत की खबर सुनकर ममता उदास हो गई। ये तो वही बात हो गई काजी जी दुबले क्यों शहर का अंदेशा है।

70.

कागहि कहा कपूर चुगाए, स्वान न्हवाए गंग

1.

अर्थ: दुर्जन मनुष्य की प्रकृति बहुत कोशिश करने पर भी नहीं बदलती

2.

वाक्य में प्रयोग: श्याम बचपन से ही कायर था, पुलिस में भर्ती तो हो गया पर जैसे ही चोरों ने बंदूक दिखाई श्याम भाग खड़ा हुआ, कागहि कहा कपूर चुगाए, स्वान न्हवाए गंग।

12

अध्याय-8

1.

71. नहीं दाने, बुढ़िया चली भुनाने

1.

अर्थ: झूठा प्रदर्शन करना

2.

वाक्य में प्रयोग: रमेश पिछले कई सालों से बेरोजगार है फिर भी गांव भर को दिखाने के लिए बेटे की शादी में बिना वजह का खर्चा कर रहा है। ये तो वही बात हो गई घर में नहीं दाने, बुढ़िया चली भुनाने।

72.

घर आया नाग न पूजिए, बाम्बी पूजन जाय

1.

अर्थः क़िस्मत से मिले अवसर का लाभ नहीं उठाकर फिर उसी अवसर के लिए कोशिश करना

2.

वाक्य में प्रयोगः जब गांव में कैंप लगाकर सरकार पहचान पत्र बना रही थी तब तो कमलेश सोता रहा। अब जब उसे पहचान पत्र का महत्व समझ में आया है तो सरकारी दफ्तरों के चक्कर काट रहा है। ये तो वही बात हुई घर आया नाग न पूजिए बाम्बी पूजन जाय।

73.

घर खीर तो बाहर खीर

1.

अर्थः यदि घर में सम्मान मिल जाए तो बाहर भी सम्मान मिल जाता है

2.

वाक्य में प्रयोगः महेंद्र के घर में महेंद्र की बजाए सुरेंद्र की अधिक चलती है इसीलिए बाहर के लोग भी सुरेंद्र की बातों को ही ज़्यादा महत्व देते हैं। सही है घर खीर तो बाहर खीर।

74.

चन्दन की चुटकी भली गाड़ी भरा न काठ

1.

अर्थः अच्छे गुणवाली वस्तु की कम मात्रा भी अच्छी होती है जबकि गुणरहित वस्तु अधिक मात्रा में भी व्यर्थ है.

2.

वाक्य में प्रयोगः मोहन के दो लड़के हैं लेकिन किसी काम के नहीं जबकि घनश्याम के एक लड़का है और उसी ने घनश्याम का नाम समाज के सामने रोशन कर दिया। सच है चंदन की चुटकी भली गाड़ी भरा न काठ।

75.

चलती का नाम गाड़ी

1.

अर्थः जब तक सफलता रहती है तब तक ही यश मिलता है

2.

वाक्य में प्रयोगः रामकिशन जब तक सरपंच था गांव में उसकी बहुत इज्ज़त हुआ करती थी। अब जब वह सरपंच नहीं रहा तो कोई उसकी बात सुनता ही नहीं है। सच है चलती का नाम गाड़ी है।

76.

चन्दन विष व्यापै नहीं लिपटे रहत भुजंग

1.

अर्थ: अच्छे लोगों पर बुरे लोगों की संगत का असर नहीं पड़ता

2.

वाक्य में प्रयोग: अमित के स्वयं के शराब की दुकान है और रोज़ वह शराबियों के साथ उठता-बैठता है, किंतु अमित ने कभी शराब नहीं पी। भाई इसी को तो कहते हैं चंदन विष व्यापै नहीं लिपटे रहत भुजंग।

77.

चन्द्रमा को भी ग्रहण लगता है

1.

अर्थ: अच्छे लोगों बुरे दिन दिन आते हैं

2.

वाक्य में प्रयोग: शिव ने तो सदा दूसरों का भला ही किया है, किंतु आज शिव के पीछे भी लोग पड़ गए हैं। लेकिन उसे धैर्य रखना चाहिए क्योंकि चंद्रमा को भी ग्रहण लगता है।

78.

चमड़ी जाए पर दमड़ी न जाए

1.

अर्थ: अत्यधिक कंजूस होना

2.

वाक्य में प्रयोग: रमेश जनवरी के महीने में भी वही पुराना सा एक कुर्ता पहन कर घूमता रहता है जबकि उसके पास धन की कोई कमी नहीं है। यह तो चमड़ी जाए पर दमड़ी ना जाए वाली बात हो गई।

79.

चार दिन की चाँदनी फिर अँधेरी रात

1.

अर्थ: सुख कम समय के लिए और दुःख अधिक समय तक होना

2.

वाक्य में प्रयोग: ग़रीब आदमी के पास जब तक सरकारी पेंशन रहती है, वह थोड़ा खुश हो लेता है। बाकी दिन तो उसे कष्ट में ही काटने होते हैं। उसकी ज़िंदगी तो ऐसी ही है जैसे चार दिन की चाँदनी फिर अंधेरी रात।

80.

चिकने घड़े पर पानी नहीं ठहरता

1.

अर्थ: बेशर्म व्यक्ति पर अच्छाई का असर नहीं होता

2.

वाक्य में प्रयोग: हर रोज देरी से आने पर महेंद्र को बड़े बाबू से डांट पड़ती है किंतु वह जल्दी आने की कोशिश ही नहीं करता। सच ही कहा है कि चिकने घड़े पर पानी नहीं ठहरता।

13

अध्याय-9

1.

81. चुपड़ी और दो-दो

1.

अर्थ: किसी अच्छी चीज़ का अधिक मात्रा में होना

2.

वाक्य में प्रयोग: रवि का न केवल सिविल सर्विसेस में चयन हो गया बल्कि उसे अपने प्रदेश का कैडर भी मिल गया। भाई इसी को तो कहते हैं चुपड़ी और दो-दो।

82.

चोर-चोर मौसेरे भाई

1.

अर्थ: दुष्ट लोगों में आपस में मित्रता होती है

2.

वाक्य में प्रयोग: सरकारी इंजीनियर और ठेकेदार में खूब पटती है। पटेगी क्यों नहीं चोर-चोर मौसेरे भाई जो होते हैं।

83.

चोर की दाढ़ी में तिनका

1.

अर्थ: दोषी व्यक्ति अपने व्यवहार से ही दोषी होने का प्रमाण दे देता है

2.

वाक्य में प्रयोग: अमित से कांच का गिलास टूट गया। किसी को पता नहीं चले इसलिए वह स्वयं ही कहने लग गया कि बिल्ली ने कांच का गिलास तोड़ दिया। ये तो चोर की दाढ़ी में तिनका वाली बात हो गई।

84.

चोरी का माल मोरी में

1.

अर्थः ग़लत तरीक़े से कमाई हुई दौलत व्यर्थ में ही खर्च हो जाती है

2.

वाक्य में प्रयोगः रोहिताश हर एक सरकारी काम के लिए रिश्वत लेता है किंतु रिश्वत से कमाया हुआ सारा पैसा शराब में लुटा देता है। भाई सच ही कहा है चोरी का माल मोरी में ही जाता है।

85.

चोर से कहे चोरी कर शाह से कहे जागता रह

1.

अर्थः दो विरोधियों से एक साथ सांठ-गांठ करना

2.

वाक्य में प्रयोगः हमारे देश के राजनेता एक तरफ तो धर्म के नाम पर लोगों को लड़वा देते हैं और दूसरी तरफ पुलिस से उनको गिरफ्तार करवा देते हैं। भाई इसी को तो कहते हैं जोर से कहे चोरी कर शाह से कहे जागता रह।

86.

चोरी और सीना जोरी

1.

अर्थ: अपराध करना और अकड़ भी दिखाना

2.

वाक्य में प्रयोग: मीना ने एक तो दूध जला दिया अब कहती है कि मैं तो ऐसे ही करती हूँ। एक तो चोरी और सीना जोरी।

87.

छछूंदर के सर में चमेली का तेल

1.

अर्थ: अयोग्य व्यक्ति को स्तरीय वस्तु का मिल जाना।

2.

वाक्य में प्रयोग: सोनू निपट अनपढ़ है किंतु उसकी पत्नी ख़ूबसूरत और पढ़ी लिखी। इसी को तो कहते हैं छछूंदर के सर में चमेली का तेल।

88.

छोटा मुँह बड़ी बात

1.

अर्थ: सामर्थ्य से अधिक के बारे में डींग मारना।

2.

वाक्य में प्रयोग: राजदीप के पास दस रुपए मूंगफली खाने को भी नहीं और कहता है कि उसका करोड़ों का कारोबार चलता है। यह तो छोटे मुंह बड़ी बात वाली बात हो गई।

89.

टके के लिए मस्जिद तोड़ना

1.

अर्थ: मामूली स्वार्थ के लिए बहुत बड़ा नुकसान कर लेना

2.

वाक्य में प्रयोग: कल चोरों ने 500 रूपए के लिए एक व्यक्ति का ख़ून कर दिया। ये तो टके के लिए मस्जिद तोड़ना जैसी बात हो गई।

90.

ठोकर लगी पहाड़ की, तोड़े घर की सिल

1.

अर्थ: किसी ताकतवर से लज्जित होकर घर के लोगों पर गुस्सा निकालना

2.

वाक्य में प्रयोग: महेश को बड़े बाबू ने इतना डाँटा की वह घर आकर बच्चों को छोटी सी बात पर

पीटने लगा। यह तो वही बात हो गई कि ठोकर लगी पहाड़ की, तोड़े घर की सिल।

पीटने लगा। यह तो वही बात हो गई कि ठोकर लगी पहाड़ की, तोड़े घर की सिल।

14

अध्याय-10

1.

जंगल में मोर नाचा किसने देखा = किसी के गुणों को देखे बिना उसका पता नहीं चलता

2.

जल में रहकर मगर से बैर = अपने कार्य क्षेत्र में सबसे ताकतवर व्यक्ति से दुश्मनी करना

3.

जाकै पैर न फटे बिवाई वह क्या जाने पीर पराई = ख़ुद दुःख भोगे बिना दूसरों की पीड़ा को महसूस कर पाना संभव नहीं

4.

जान बची लाखों पाए = जान है तो जहान है

5.

जिन ढूँढ़ा तिन पाइया गहरे पानी पैठ = संकल्प किए हुए व्यक्ति कठिन से कठिन मेहनत करके अपनी मंज़िल हासिल कर ही लेते हैं

6.

जिसकी लाठी उसकी भैंस = शक्तिशाली व्यक्ति ही संपत्ति का मालिक होता है

7.

जैसा देश वैसा भेष = स्थान, अवसर एवं परिस्थितयों के अनुसार व्यवहार करना

8.

झूठ के पैर नहीं होते = झूठ ज़्यादा दिन नहीं छुप सकता

9.

ढाक के तीन पात = सदैव एक जैसी स्थिति रहना

10.

तबेले की बला बन्दर के सिर = किसी एक व्यक्ति को प्रत्येक दोष के लिए दोषी मान लेना

11.

तीन लोक से मथुरा न्यारी = सबसे अलग स्थिति होना

लोकोक्ति की परिभाषाएँ

डॉ. भोलानाथ तिवारी के अनुसार, "विभिन्न प्रकार के अनुभवों, पौराणिक तथा ऐतिहासिक व्यक्तियों एवं कथाओं, प्राकृतिक नियमों एवं लोक विश्वास आदि पर आधारित चुटीला, सरगर्भित, सजीव, संक्षिप्त लोक प्रचलित ऐसी उक्तियों को लोकोक्ति कहते हैं जिनका प्रयोग बात की पुष्टि या विरोध, सीख तथा भविष्य कथन आदि के लिए किया जाता है।"

ऑक्सफोर्ड डिक्शनरी के अनुसार,"जनता में प्रचलित कोई छोटा सा सारगर्भित वचन, अनुभव अथवा निरीक्षण द्वारा निश्चित या सबको ज्ञात किसी सत्य को प्रकट करने वाली कोई संक्षिप्त उक्ति लोकोक्ति है।"

अरस्तु के अनुसार, "संक्षिप्त और प्रयोग करने के लिए उपयुक्त होने के कारण तत्वज्ञान के खंडहरों में से चुनकर निकाले हुए टुकड़े बचा लिए गए अंश को लोकोक्ति की संज्ञा से अभिहित किया जा सकता है।"

टेनिसन के अनुसार,"लोकोक्ति वे रत्न हैं जो लघु आकार होने पर भी अनंत काल से चली आ रही उक्ति है।"

डॉ. सत्येंद्र के अनुसार, "लोकोक्तियों में लय और तान या ताल न होकर संतुलित स्पंदनशीलता ही होती है।"

धीरेंद्र वर्मा के अनुसार, "लोकोक्तियां ग्रामीण जनता की नीति शास्त्र है। यह मानवीय ज्ञान के घनीभूत रत्न हैं।"

आभार

https://www.google.com/
https://viahindi.in/hindi-vyakaran/
lokoktiyan-in-hindi
https://leverageedu.com/blog/hi/
lokoktiyan-in-hindi/